D0758565

DESIERTOS

TIERRAS SECAS

por Laura Purdie Salas

ilustrado por Jeff Yesh

Traducción: Patricia Abello

Agradecemos a nuestros asesores por su pericia, investigación
y asesoramiento:

Michael T. Lares, Ph.D., Profesor asociado de Biología
University of Mary, Bismarck, North Dakota

Susan Kesselring, M.A., Alfabetizadora
Rosemount-Apple Valley-Eagan (Minnesota) School District

PICTURE WINDOW BOOKS
Minneapolis, Minnesota

Redacción: Jill Kalz

Diseño: Joe Anderson y Hilary Wacholz

Composición: Angela Kilmer

Dirección artística: Nathan Gassman

Subdirección ejecutiva: Christianne Jones

Las ilustraciones de este libro se crearon con medios digitales.

Traducción y composición: Spanish Educational Publishing, Ltd.

Coordinación de la edición en español: Jennifer Gillis/Haw River Editorial

Picture Window Books
5115 Excelsior Boulevard
Suite 232
Minneapolis, MN 55416
877-845-8392
www.picturewindowbooks.com

Library of Congress Cataloging-in-Publication Data

Salas, Laura Purdie.

[Deserts. Spanish]

Desiertos : tierras secas / por Laura Purdie Salas ; ilustrado por Jeff Yesh ;
traducción, Patricia Abello.

p. cm. – (Ciencia asombrosa)

Includes index.

ISBN-13: 978-1-4048-3862-8 (library binding)

1. Deserts—Juvenile literature. I. Yesh, Jeff, 1971- ill. II. Title.

QH88.S2518 2007

577.54–dc22   2007036458

Contenido

Muy poca agua

¿Caen menos de 10 pulgadas (25 centímetros) de lluvia al año en donde vives? Si es así, ¡tal vez es un desierto! El desierto es un ecosistema seco. Un ecosistema es el conjunto de los seres vivos y las cosas sin vida que hay en un lugar. Las plantas, los animales, el agua, el suelo y hasta el estado del tiempo hacen parte del ecosistema.

DATO CURIOSO

No todos los desiertos tienen arena ni son calientes.
La mayoría de los desiertos son rocosos. Hay desiertos
fríos donde cae nieve.

América
del Norte

Desiertos por
todo el mundo

Los desiertos cubren casi una quinta parte de la
tierra de nuestro planeta. El desierto de arena o de
roca más grande del mundo es el Sahara, en África.
Los 48 estados de la parte continental de los
Estados Unidos caben en el Sahara.

Otros grandes desiertos del mundo son el
desierto de Arabia, el desierto de Australia
y el desierto de Gobi.

América
del Sur

DESIERTOS

Asia

Europa

Desierto
de Arabia

Desierto
de Gobi

Desierto
del Sahara

ECUADOR

África

Desierto
de Australia

Australia

DATO CURIOSO

El continente congelado de Antártida es un tipo especial de
desierto. Contiene el 90 por ciento del hielo del mundo. Pero
como el hielo nunca se derrite, no hay agua líquida. La Antártida
es un desierto por ser un ecosistema muy seco.

Antártida

7

Estados del tiempo extremos

La mayoría de los desiertos son calurosos y fríos. El Sol arde durante el día. Pero el aire no tiene la humedad necesaria para atrapar el calor. Así que cuando el Sol se oculta, el desierto se vuelve frío. De noche, ¡la temperatura puede bajar hasta 60 grados Fahrenheit (16 grados Celsius)!

En los desiertos, el tiempo es extremo. A veces las lluvias causan inundaciones. Otras veces los fuertes vientos causan tormentas de arena.

DATO CURIOSO

El viento forma las dunas de arena. Al soplar, el viento recoge arena. Cuando golpea
una planta u otro objeto, el viento pierde velocidad y deja caer un poco de arena.
La arena se acumula alrededor del objeto. Esto ocurre una y otra vez hasta que
se forma una duna.

9

Plantas: Cómo obtienen agua

¿Cómo puede crecer una planta con tan poca agua? Las plantas del desierto chupan agua y la almacenan en sus células. La biznaga extiende sus raíces hacia los lados. Las raíces chupan el agua de lluvia que ha caído alrededor. El árbol de mezquite tiene raíces largas que buscan agua en lo profundo del suelo.

Muchas plantas del desierto almacenan agua dentro de las células. Las plantas suculentas, como el cacto, tienen una piel cerosa que conserva el agua.

CÉLULAS VEGETALES

DATO CURIOSO

El saguaro es un cacto alto que puede acumular cientos de galones de agua. Al igual que otras plantas del desierto, tiene espinas agudas. Las espinas no dejan que los animales picoteen las plantas para chuparles el agua.

Plantas: A la espera de la lluvia

Algunas plantas del desierto no acumulan agua. Esperan a que llueva, como la margarita, la flor de la sangre y la azucena. Sus semillas esperan en el suelo a que llueva. Algunas semillas viven años en el suelo.

Cuando llueve, las semillas crecen muy rápido. El desierto se llena de flores por un par de semanas. Cuando las plantas mueren, sus semillas esperan en el suelo a que vuelva a llover.

ARTEMIA

DATO CURIOSO

Algunos animales del desierto también nacen cuando llueve.
La artemia es un camarón que vive en los lagos salados.
Cuando no llueve, los lagos se secan. Los camarones mueren,
pero los huevos siguen vivos por mucho tiempo. ¡Algunos viven
hasta 100 años! Cuando por fin cae la lluvia, los camarones
salen de los huevos en un par de días.

Animales: En busca de agua

Al igual que las plantas del desierto, los animales del desierto también deben conseguir y almacenar agua. Las lagartijas y las serpientes tienen una piel gruesa que acumula agua. Los escarabajos y otros animales beben el rocío de la mañana.

Los antílopes obtienen toda el agua que necesitan de las plantas que comen. Los halcones obtienen agua de los animales que comen.

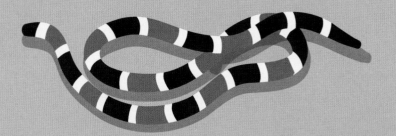

DATO CURIOSO

Para la mayoría de los mamíferos grandes es difícil vivir en el desierto. No pueden acumular agua y su pelaje atrapa el calor. El guepardo y el león son ejemplos de mamíferos grandes que se han adaptado a la vida del desierto.

Animales: Cómo se adaptan al calor

En el desierto viven muchos insectos, reptiles y mamíferos pequeños. Se adaptan al calor de diferentes maneras. Por ejemplo, el zorro del desierto y la liebre tienen orejas muy grandes. El calor del cuerpo sale por las orejas. El puma, el borrego cimarrón y muchos otros animales tienen pelaje de color claro. Los colores claros absorben menos calor del Sol que los colores oscuros.

Muchos animales del desierto son nocturnos. Duermen bajo tierra durante el día y salen de noche, cuando hace menos calor.

DATO CURIOSO

El movimiento de algunos animales del desierto sirve para que no los queme la arena caliente. La víbora de cuernitos se arrastra en forma de "S". Así tiene poco contacto con la arena. La lagartija de las dunas levanta la cabeza y el cuerpo de la arena. El camaleón sólo pone dos patas en el suelo al caminar.

Los desiertos se están agrandando

Los desiertos de la Tierra están creciendo.

Piensa en un lugar que no sea un desierto. Imagina que ahí se comen todas las plantas y cortan todos los árboles. El viento arrastra el suelo porque no hay raíces de plantas que lo sujeten. Ese lugar terminará siendo un desierto. Sus plantas y animales no sobrevivirán en el desierto.

DATO CURIOSO

Durante la década de 1930 muchas tierras de los Estados Unidos se desertificaron. Kansas y otros estados quedaron como desiertos debido a sequías y malas técnicas de cultivo. El viento formaba tormentas de polvo gigantescas. La región se conocía como el Tazón del Polvo.

Regalos del desierto

Los desiertos están llenos de regalos. Les dan vivienda a muchos animales y plantas. De sus minas subterráneas extraemos plata y oro. El petróleo de sus pozos sirve para hacer gasolina. Algunas de sus plantas tienen usos medicinales. Pero los desiertos son ecosistemas muy frágiles. Cuando les hacemos daño, tardan mucho tiempo en recuperarse.

Los desiertos son lugares muy valiosos, como todos los demás ecosistemas de la Tierra. Cada uno nos brinda regalos especiales. Juntos, los ecosistemas de la Tierra hacen que nuestro planeta sea un lugar maravilloso para vivir.

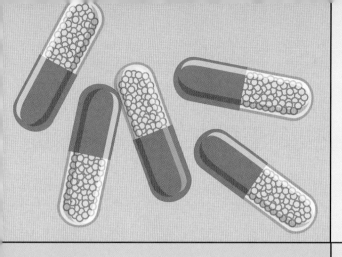

DATO CURIOSO

Muchas cosas que usamos se hacen con plantas del desierto. Algunos jabones contienen aceite de jojoba, que es una planta del desierto. Los científicos también hacen medicinas con plantas del desierto, como la yuca y el mezquite.

ORO

JABÓN

21

Haz un diorama de un desierto

QUÉ NECESITAS:

- caja de zapatos
- plastilina
- pegamento
- arena

- tijeras
- papel de colores
- ilustraciones de plantas y animales del desierto

CÓMO SE HACE:

1. Primero, pon la caja de lado.

2. Con la plastilina, haz dunas dentro de la caja.

3. Cuando las dunas se sequen, ponles una capa delgada de pegamento. Después, echa un poco de arena sobre el pegamento y deja que se seque. Sacude la arena sobrante.

4. Ahora, crea una escena del desierto. Los desiertos de arena casi siempre tienen cactos o palmas. A veces tienen liebres, zorros y serpientes. Usa papel de colores, plastilina o ilustraciones para hacer las plantas y los animales del desierto. Después, pégalos en las dunas. ¡Usa tu creatividad!

Datos sobre los desiertos

- Las temperaturas más calientes y más frías de la Tierra se han registrado en los desiertos. En 1922, la temperatura subió a 136 °F (58 °C) en el desierto del Sahara. En 1983, la temperatura bajó a 129 °F bajo cero (89 °C bajo cero) en la Antártida.

- El desierto de Atacama, en el norte de Chile, recibe menos de 0.3 pulgadas (8 milímetros) de lluvia al año. Eso ni siquiera alcanza a tener la altura del borrador de un lápiz. Atacama es el lugar más seco de la Tierra.

- Los camellos de los desiertos africanos se usan para cargar cosas. Se les dice "los barcos del desierto". Al correr, se mecen. Montar en camello es casi como navegar en un barco.

- Un oasis es un lugar del desierto con agua, plantas y árboles. El agua viene de ríos muy viejos que corren debajo del suelo del desierto. A veces un río sale por una grieta grande de las rocas. El agua sube por la grieta hasta llegar a la superficie.

Glosario

adaptarse—cambiar para tener mejores oportunidades de sobrevivir

células (las)—partes básicas de animales y plantas que sólo se ven con un microscopio

desertificación (la)—proceso de convertirse poco a poco en desierto

ecosistema (el)—lugar con ciertos animales, plantas, tiempo, terreno y agua

extremo—más allá de lo usual

mamíferos (los)—animales de sangre caliente que alimentan a sus crías con su propia leche

reptiles (los)—animales de sangre fría que tienen columna vertebral y escamas

suculentas (las)—plantas con una piel fuerte y hojas o tallos gruesos y pesados; el cacto y la sábila son ejemplos de plantas suculentas

Aprende más

PARA LEER

Gordon, Sharon. *Mi casa en el desierto.*
Nueva York: Benchmark Books, 2006.

Meachen Rau, Dana. *Desiertos: Maravillas de la naturaleza.* Nueva York: Benchmark Books, 2007.

Meyer, Cassie. *¿Qué vive en un desierto?* Chicago: Heinemann Library, 2007.

EN LA RED

FactHound ofrece un medio divertido y confiable de buscar portales de la red relacionados con este libro. Nuestros expertos investigan todos los portales que listamos en FactHound.

1. Visite *www.facthound.com*
2. Escriba código: 1404830952
3. Oprima el botón FETCH IT.

¡FactHound, su buscador de confianza, le dará una lista de los mejores portales!

Índice

BUSCA MÁS LIBROS DE LA SERIE CIENCIA ASOMBROSA–ECOSISTEMAS:

Bosques templados: Tapetes de hojas

Desiertos: Tierras secas

Humedales: Hábitats húmedos

Océanos: Mundos submarinos

Pastizales: Campos verdes y dorados

Selvas tropicales: Mundos verdes